AF220089

Impressum
Verlag: BABADADA GmbH, Nedderfeld 112 , 22529 Hamburg
Geschäftsführer / Verlagsleitung: Harald Hof
Druck: Books on Demand GmbH, In de Tarpen 42, 22848 Norderstedt

Imprint
Publisher: BABADADA GmbH, Nedderfeld 112 , 22529 Hamburg, Germany
Managing Director / Publishing direction: Harald Hof
Print: Books on Demand GmbH, In de Tarpen 42, 22848 Norderstedt

dugsi

école

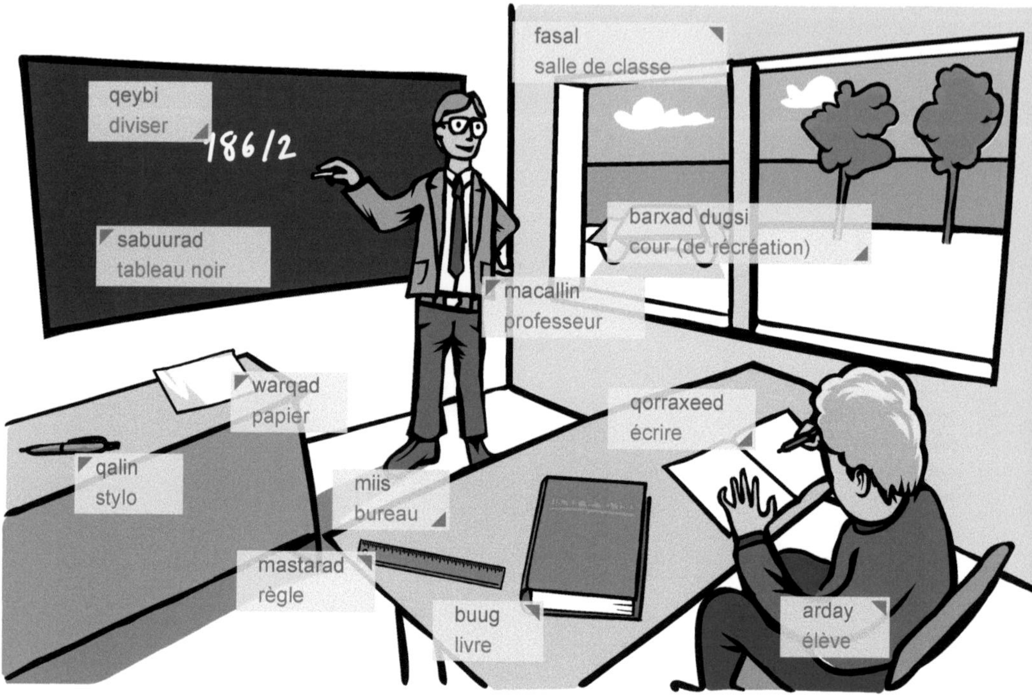
fasal
salle de classe
qeybi
diviser
186/2
sabuurad
tableau noir
barxad dugsi
cour (de récréation)
macallin
professeur
warqad
papier
qorraxeed
écrire
qalin
stylo
miis
bureau
mastarad
règle
buug
livre
arday
élève

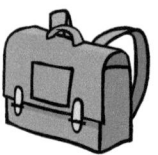

boorso

cartable

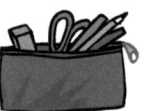

kiis qalin-qori

trousse

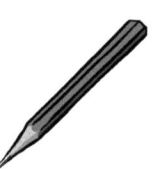

qalin-qori

crayon

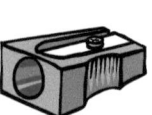

koobka qalin qor

taille-crayon

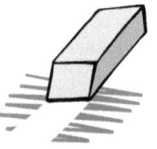

titirre

gomme

buugga sawirka

carnet à dessin

sawirid

dessin

burushka midabaynta

pinceau

gasaca midabaynta

boîte de peinture

maqasyo

ciseaux

koollo

colle

buug qoraal

cahier d'exercices

shaqo-guri

devoirs

lambar

chiffre

ku dar

additionner

ka jar

soustraire

ku dhufo

multiplier

xisaabi

calculer

warqad

lettre

alifbeeto

alphabet

erey

mot

qoraal

texte

akhri

lire

jeesto

craie

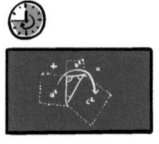

cahsar

leçon

diiwaan

livre de classe

imtixaan

examen

shahaado

certificat

direes dugsi

uniforme scolaire

waxbarasho

formation

diwaan mowduuceed

lexique

jaamacad

université

mayskariskoob

microscope

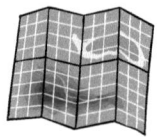

khariidad

carte

haan qashin-gur

corbeille à papier

safar

voyage

hoteel
hôtel
Grand
hoteel jiif-cunto
auberge
ROOMS
xafiiska sarrifaka lacagaha
bureau de change
shandad-dhar
valise
baabuur
voiture

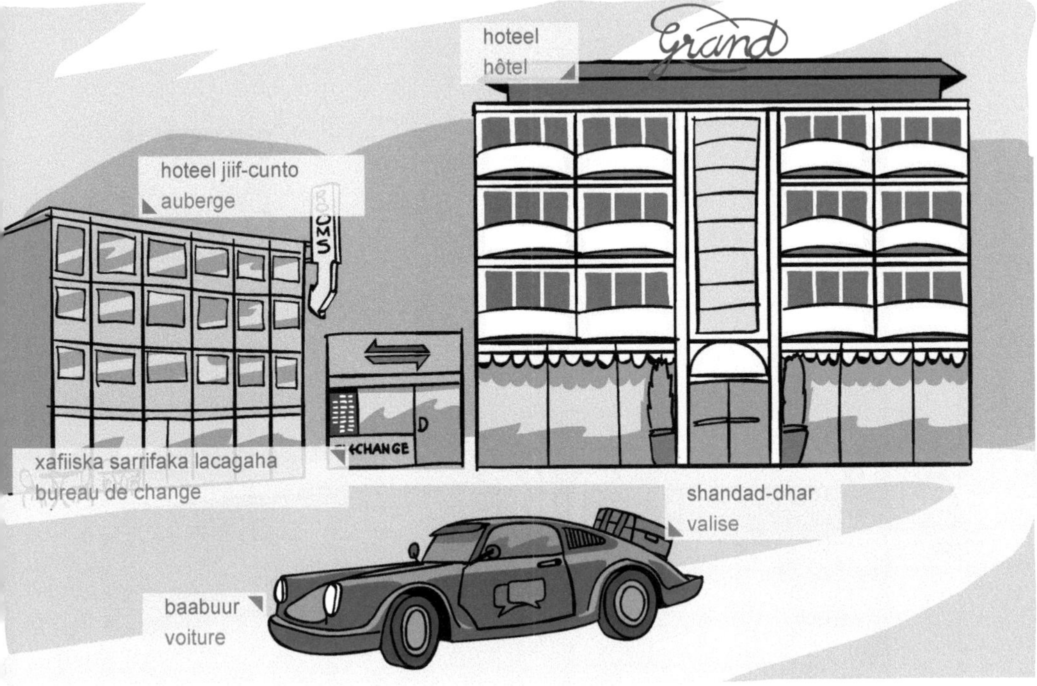

luuqad

langue

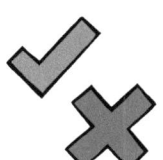

haa / maya

oui / non

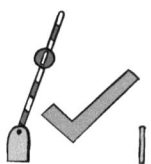

Hagaag

d'accord

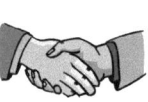

nabad miyaa

Salut

turjumaan

interprète

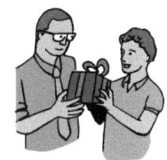

Waad mahadsan tahay

merci

waa immisa...?

Combien coûte...?

ma aanan fahamin

Je ne comprends pas

dhibaato

problème

galab wanaagsan!

Bonsoir !

subax wanaagsan!

Bonjour !

habeen wanaagsan!

Bonne nuit !

nabad gelyo

Au revoir

jiho

direction

alaabo

bagages

boorso

sac

boorso-dhabar

sac-à-dos

marti

hôte

qol

pièce

katiifad

sac de couchage

teendho

tente

xog dalxiis

office de tourisme

xeebta

plage

kaar amaah

carte de crédit

quraac

petit-déjeuner

qado

déjeuner

casho

dîner

rasiid

billet

wiish

ascenseur

tiimbare

timbre

xuduud

frontière

qeybta-canshuur-bixinta

douane

safaarad

ambassade

dal ku gal

visa

baasaboor

passeport

gaadiid
transport

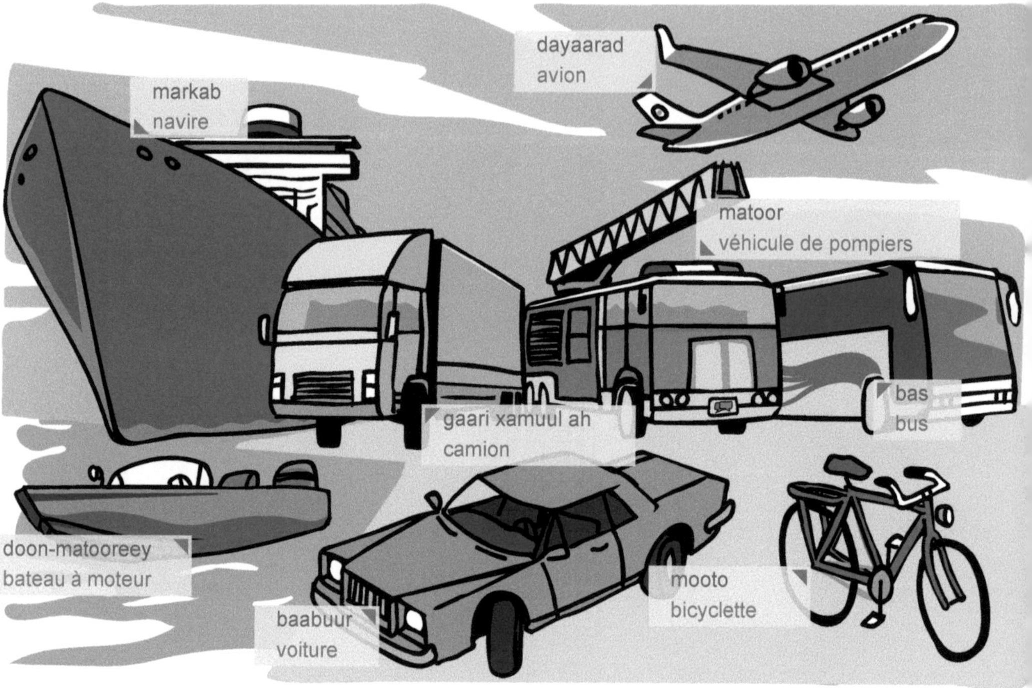
dayaarad
avion
markab
navire
matoor
véhicule de pompiers
bas
bus
gaari xamuul ah
camion
doon-matooreey
bateau à moteur
mooto
bicyclette
baabuur
voiture

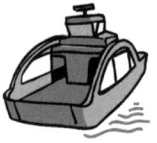

doon

ferry

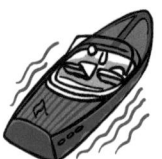

doonnida

barque

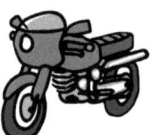

mooto

moto

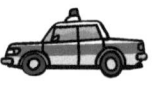

baabuur booliis

voiture de police

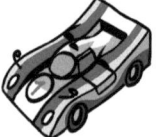

baabuur baratan

voiture de course

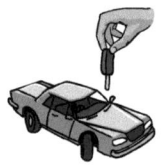

baabuur la-kiraysto

voiture de location

gaadiid-wadaag

auto-partage

wiishle

voiture de remorquage

gaari qashin-gure

benne à ordures

matoor

moteur

shidaal

essence

ajib

station d'essence

calaamad taraafiko

panneau indicateur

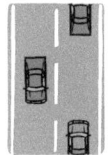

taraafiko

trafic

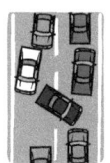

jaam baabuur

embouteillage

baarkin-baabuur

parking

boosteejo tareen

gare

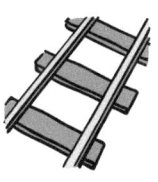

waddo-tareen

rails

tareen

train

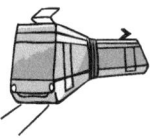

taraam

tramway

gaari faras

wagon

helikobtar

hélicoptère

garoonka dayuuradaha

aéroport

manaarad

tour

rakaab

passager

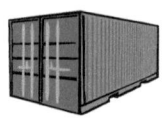

weel

conteneur

kartoon

carton

gaari faras

chariot

dambiil

corbeille

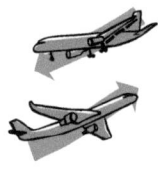

kicid / degis

décoller / atterrir

magaalo
ville

tuulo

village

faras magaale

centre-ville

guri

maison

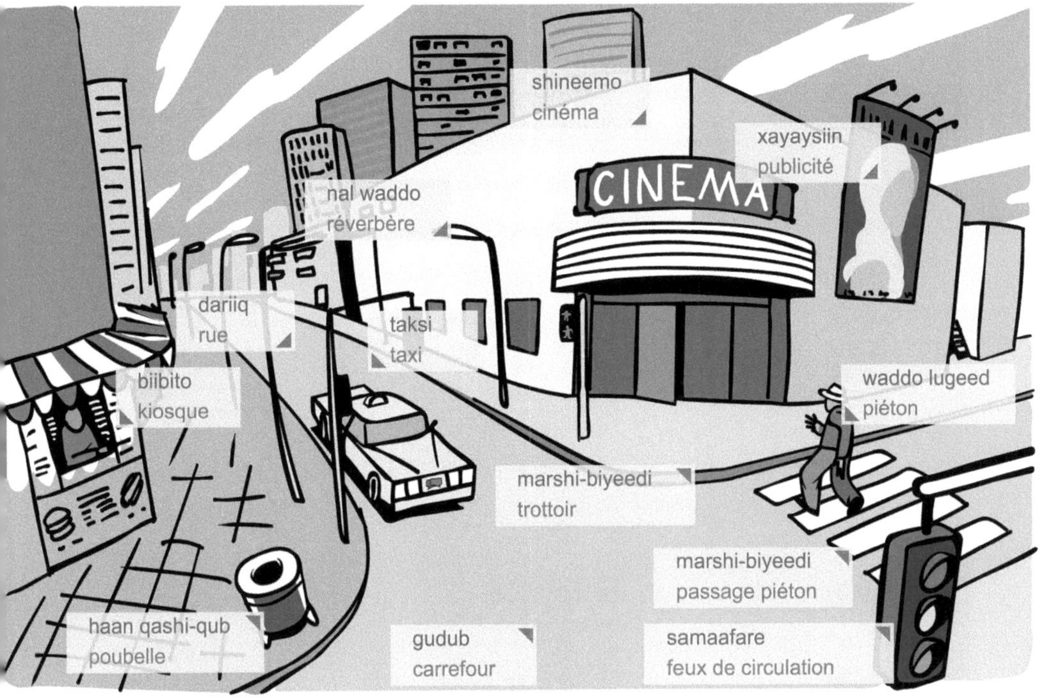

shineemo
cinéma
CINEMA
xayaysiin
publicité
nal waddo
réverbère
dariiq
rue
taksi
taxi
biibito
kiosque
waddo lugeed
piéton
marshi-biyeedi
trottoir
marshi-biyeedi
passage piéton
haan qashi-qub
poubelle
gudub
carrefour
samaafare
feux de circulation

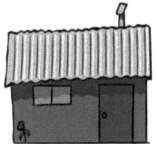

mundul

cabane

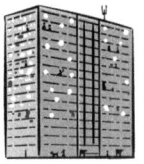

dabaq

appartement

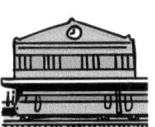

boosteejo tareen

gare

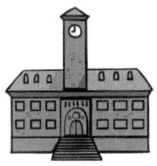

xarunta dowladda-hoose

mairie

MUSEUM

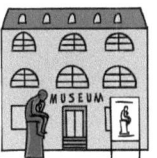

matxaf

musée

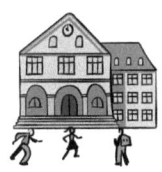

dugsi

école

jaamacad

université

bangi

banque

isbitaal

hôpital

hoteel

hôtel

farmasi

pharmacie

xafiis

bureau

buug shoob

librairie

dukaan

magasin

dukaan ubax

fleuriste

carwo

supermarché

suuq

marché

suuq weyne

grand magasin

kalluun-iibshe

poissonnerie

suuq

centre commercial

furdo

port

jardiino

parc

kursi

banque

buundo

pont

jaraanjaro

escaliers

waddo-tareen-hoosaad

métro

waddo-dhul hoose

tunnel

boosteejo

arrêt de bus

baar

bar

makhaayad

restaurant

sanduuq boosto

boîte à lettres

calaamad waddo

panneau indicateur

joogid-cabbire

parcmètre

beer-xayawaan

zoo

barkad dabbaalasho

piscine

masaajid

mosquée

beer

ferme

naqas

pollution

qabuuro

cimetière

kaniisad

église

garoon

aire de jeux

macbad

temple

muqaal-dhireed

paysage

caleen
feuille

calaamad-waddo
panneau indicateur

waddo
chemin

seere
pré

dhagax
pierre

buur korre
randonneur

geed
arbre

webi
rivière

caws
herbe

ubax
fleur

dooxo

vallée

buur

montagne

laag

lac

kayn

forêt

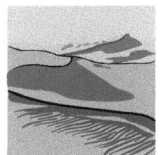

saxare

désert

foolkaano

volcan

qasri

château

qaanso-roobaad

arc-en-ciel

barkin-waraabe

champignon

geed timireed

palmier

kaneeco

moustique

duqsi

mouche

qoraanjo

fourmis

shinni

abeille

caaro

araignée

dameer-duudeey

coléoptère

rah

grenouille

dabagaalle

écureuil

kashiito

hérisson

dabagaalle

lièvre

guumeys

chouette

shimbir

oiseau

boolo-boolo

cygne

doofaar-jilibeey

sanglier

deero

cerf

faras-duur

élan

biyo-xireen

barrage

tamar-dhaliye

éolienne

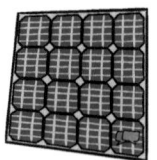

soollar

panneau solaire

cimilo

climat

makhaayad
restaurant

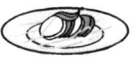

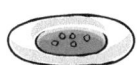

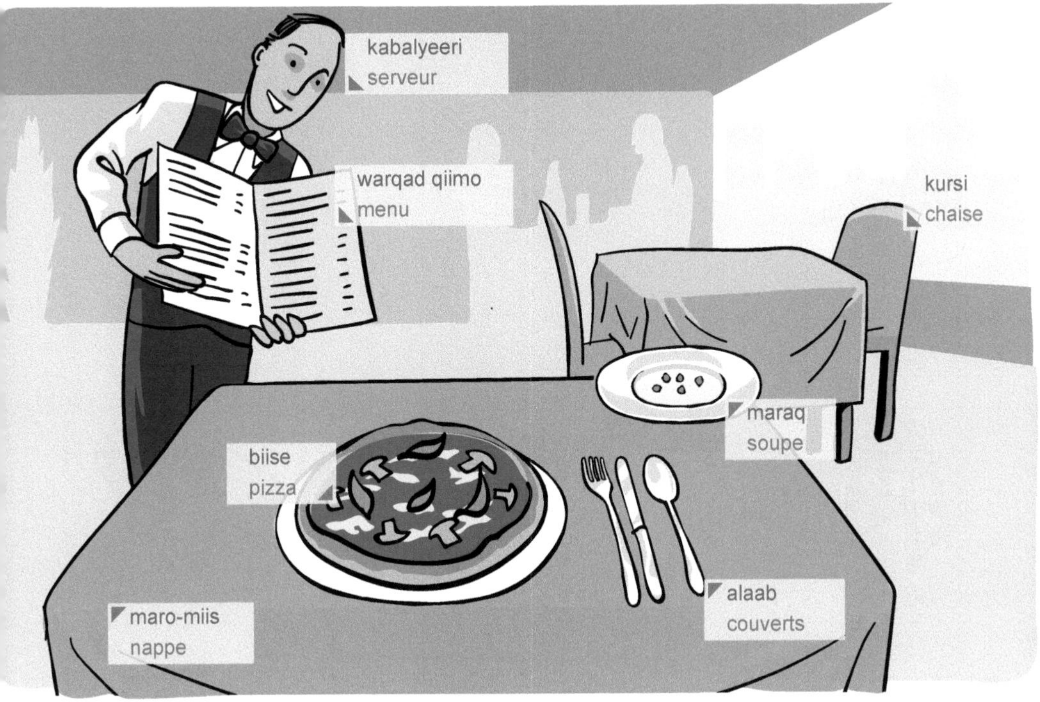
kabalyeeri
serveur
warqad qiimo
menu
kursi
chaise
maraq
soupe
biise
pizza
alaab
couverts
maro-miis
nappe

af-billow

hors d'œuvre

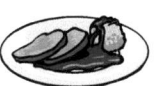

cunto bariimo

plat principal

macmacaan

dessert

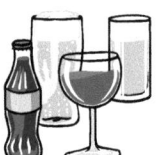

cabitaan

boissons

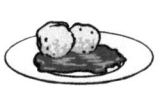

cunto

alimentation

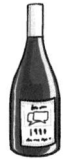

dhalo

bouteille

cunto diyaarsan

fast-food

cunto-waddo

plats à emporter

jalmad shaah

théière

weelka sonkorta

sucrier

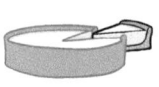

qayb

portion

mashiinka isbareesada

machine à expresso

kursi dheer

chaise haute

biil

facture

tereey

plateau

mindi

couteau

fargeeto

fourchette

qaaddo

cuillère

malqacad-shaah

cuillère à thé

shukumaan miis

serviette

galaas

verre

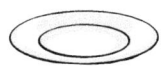

saxan

assiette

saxanka maraqa

assiette à soupe

saxan

soucoupe

suugo

sauce

weelka cusbada

salière

basbaas shiide

moulin à poivre

fixiye

vinaigre

saliid

huile

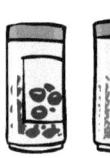

dhandhanaan

épices

suugo

ketchup

mastaard

moutarde

mayoonees

mayonnaise

carwo
supermarché

qiima dhimis qaas ah
offre promotionnelle
FOR
macmiil
client
caano
produits laitiers
miro
fruits
gaariga adeega
chariot

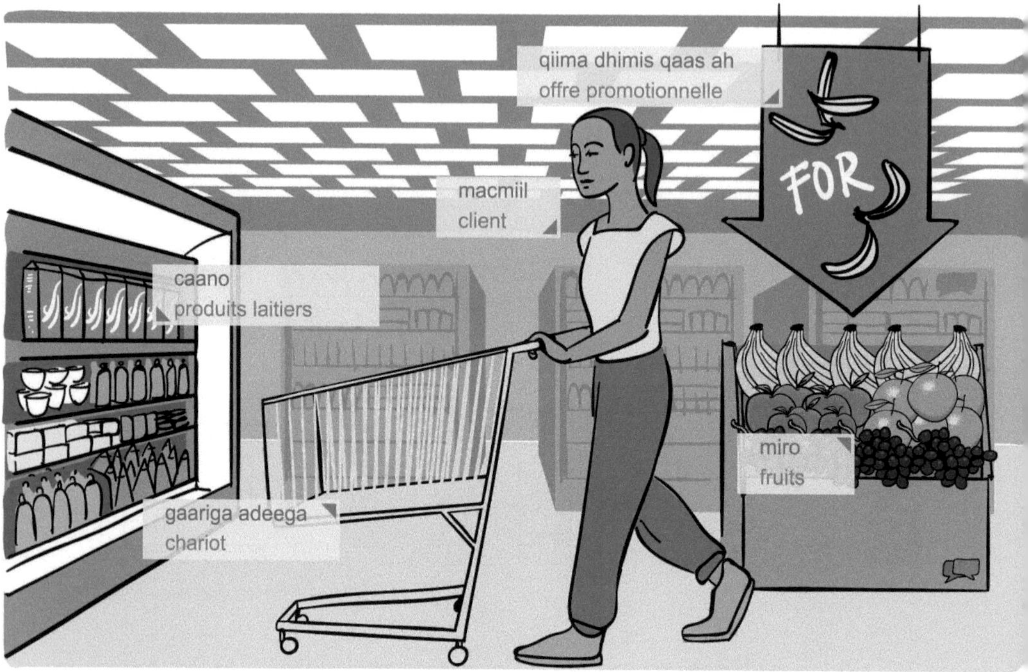

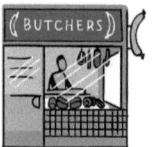

BUTCHERS

kawaan

boucherie

BAKERY

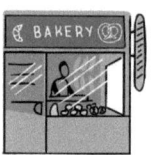

foorno

boulangerie

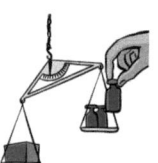

cabbir

peser

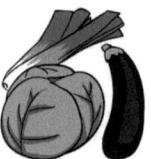

khudaar

légumes

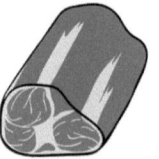

hilib

viande

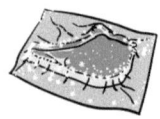

cunto la qaboojiyay

aliments surgelés

hilibka qadada

charcuterie

cunto gasacadeysan

conserves

oomo

poudre à lessive

macmacaan

bonbons

alaabada guri

articles ménagers

alaabo nadaafad

détergents

iibshe

vendeuse

diiwaan lacagta

caisse

qasnaji

caissier

liis adeeg

liste d'achats

saacadaha shaqo

heures d'ouverture

shandada jeebka

portefeuille

kaar amaah

carte de crédit

bac

sac

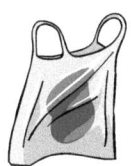

bac

sac en plastique

biyo

eau

casiir

jus de fruit

caano

lait

kooka-kola

coca

khamri

vin

biir

bière

khamri

alcool

kooke

chocolat chaud

shaah

thé

kafee

café

isberesso

expresso

koobishiin

cappuccino

muus

banane

tufaax

pomme

liin-bambeelmo

orange

qare

melon

liin

citron

karooto

carotte

toon

ail

baambuu

bambou

basal

oignon

barkin-waraabe

champignon

loos

noisettes

baasto

pâtes

baasto

spaghetti

bariis

riz

salar

salade

jibsi

pommes frites

baradho shiilan

pommes de terre rôties

biise

pizza

haambeegar

hamburger

saanwij

sandwich

hilib-jiir

escalope

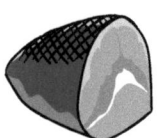

hilib-doofaar

jambon

salami

salami

sooseej

saucisse

hilib-digaag

poulet

duban

rôti

kalluun

poisson

sareenta mashaarida

flocons d'avoine

quraac isku-dhafan

muesli

daango

cornflakes

bur

farine

nooc rooti ah

croissant

rooti

petits-pains

rooti

pain

rooti-la-kulluleeyey

pain grillé

buskud

biscuits

subag

beurre

hanti

le fromage blanc

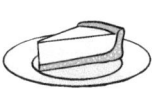

doolsho

gâteau

ukun

œuf

ukun shiilan

œuf au plat

burcad

fromage

jalaato

glace

sonkor

sucre

malab

miel

malmalaado

confiture

labeen macmacaan

crème nougat

suugo

curry

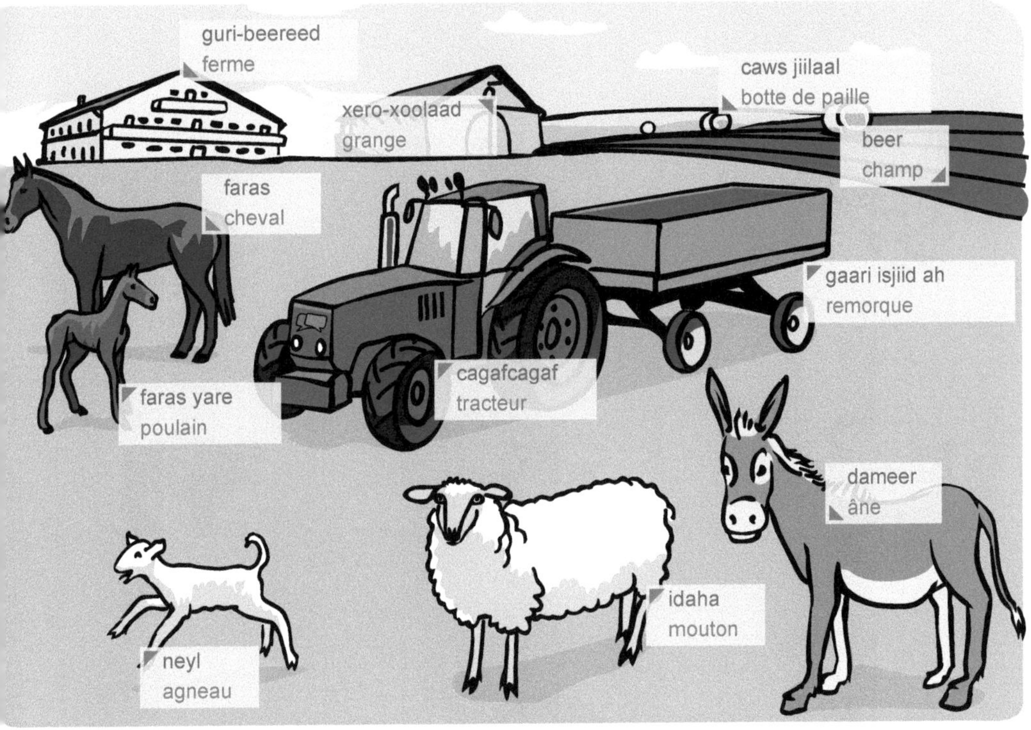

guri-beereed
ferme

xero-xoolaad
grange

caws jiilaal
botte de paille

beer
champ

faras
cheval

gaari isjiid ah
remorque

faras yare
poulain

cagafcagaf
tracteur

dameer
âne

idaha
mouton

neyl
agneau

ri'

chèvre

sac

vache

weyl

veau

doofaar

porc

dhal doofaar

porcelet

dibi

taureau

bawaato lab

oie

bawaato

canard

jiijiile

poussin

digaag

poule

diiq

coq

doolli

rat

bisad

chat

jiir

souris

dibi

bœuf

eey

chien

hoyga eeyga

chenil

tuubbo waraab

tuyau de jardin

sakeelka waraabinta

arrosoir

gudin

faucheuse

carro-roge

charrue

gudin

faucille

yaambo

pioche

fargeeto caws-beereed

fourche

faas

hache

gaari -gacan

brouette

dar

cuve

dhalada caanaha

pot à lait

jawaan

sac

deer

clôture

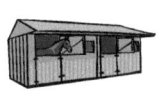

xero xooleed

étable

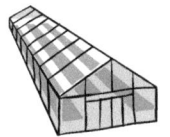

gur-biqlin-dhireed

serre

ciidda

sol

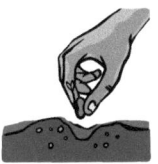

abuuka

semences

bacrimiye

engrais

cagafta beer-goynta

moissonneuse-batteuse

beer-goyn

récolter

beer-gooyn

récolte

moxog

igname

sarreen

blé

soya

soja

baradho

pomme de terre

galley

maïs

geed-saliideed

colza

geed mirood

arbre fruitier

moxog

manioc

firiley

céréales

guri
maison

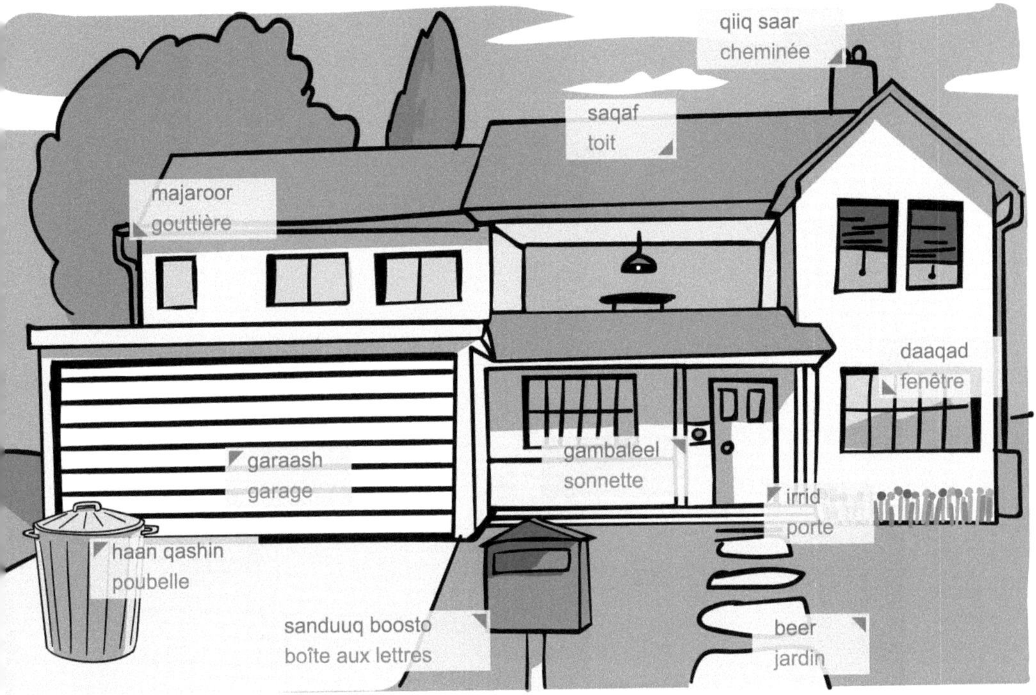
qiiq saar
cheminée
saqaf
toit
majaroor
gouttière
daaqad
fenêtre
gambaleel
sonnette
garaash
garage
irrid
porte
haan qashin
poubelle
sanduuq boosto
boîte aux lettres
beer
jardin

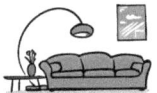

qol jiib

salon

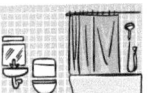

musqul-qubeys

salle de bain

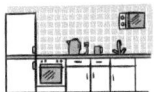

jiko

cuisine

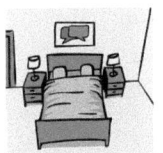

qolka jiifka

chambre à coucher

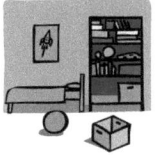

qolka ilmaha

chambre d'enfant

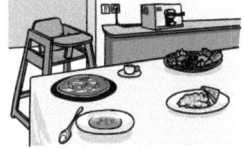

qolka cuntada

salle à manger

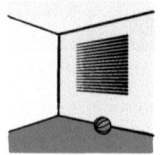

sagxad
sol

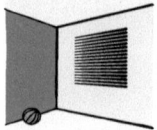

derbi
mur

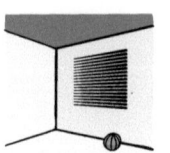

saqaf
plafond

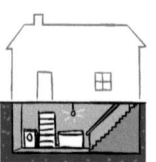

makhaasiin
cave

soona
sauna

balakoon
balcon

daarad
terrasse

barkad
piscine

caws-jare
tondeuse à gazon

buste
housse

go'
couette

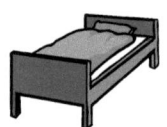

sariir
lit

xaaqin
balai

baaldi
sceau

daare-damiye
interrupteur

qol jiib
salon

sharaaxd-derbi
papier peint
sawir
image
feynuus
lampe
qaanad
étagère
armaajo
armoire
telefiishan
télé
dab-shid
cheminée
ubax
fleur
barkin
coussin
fadhi-carbeed
sofa
dheri-ubax
vase
rimuud
télécommande

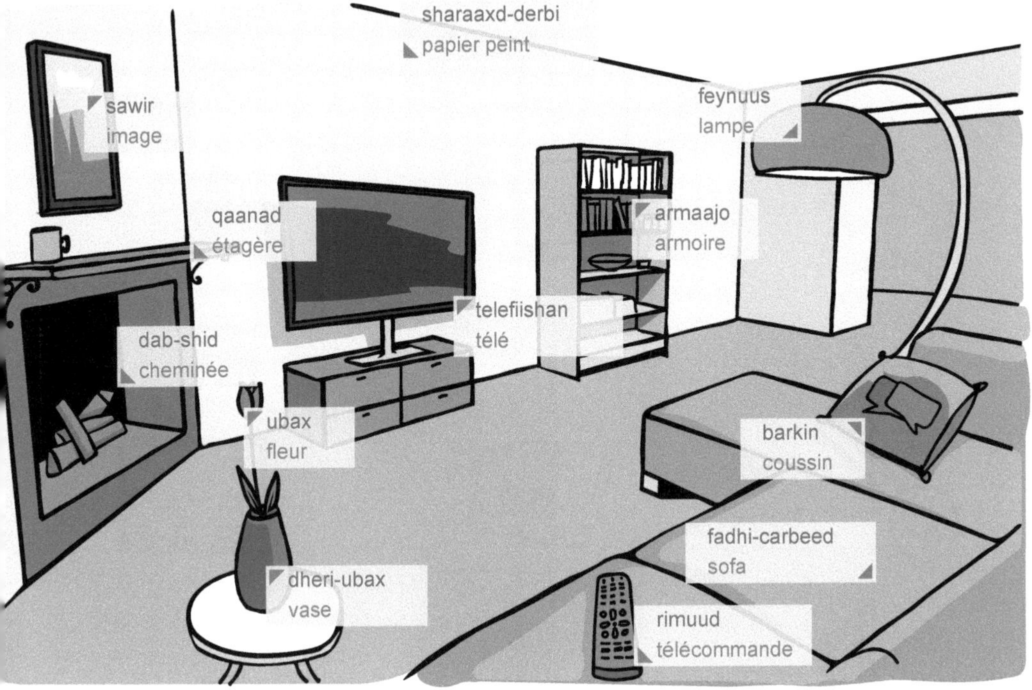

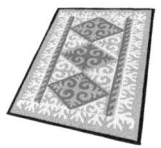

roog
tapis

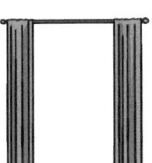

daah
rideau

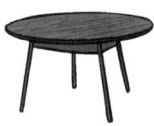

miis
table

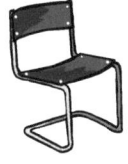

kursi
chaise

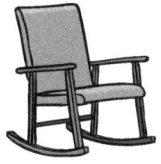

kursi wareega
chaise à bascule

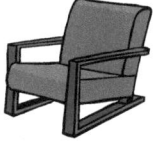

kursi fadhi
fauteuil

buug

livre

buste

couverture

qurxin

décoration

xaabo

bois de chauffage

filin

film

cod-baahiye

chaîne hi-fi

fure

clé

wargeys

journal

rinjiyeyn

peinture

tabeelo

poster

raadiye

radio

xusuus-qor

bloc-notes

huufar

aspirateur

tiitiin

cactus

shumac

bougie

jiko
cuisine

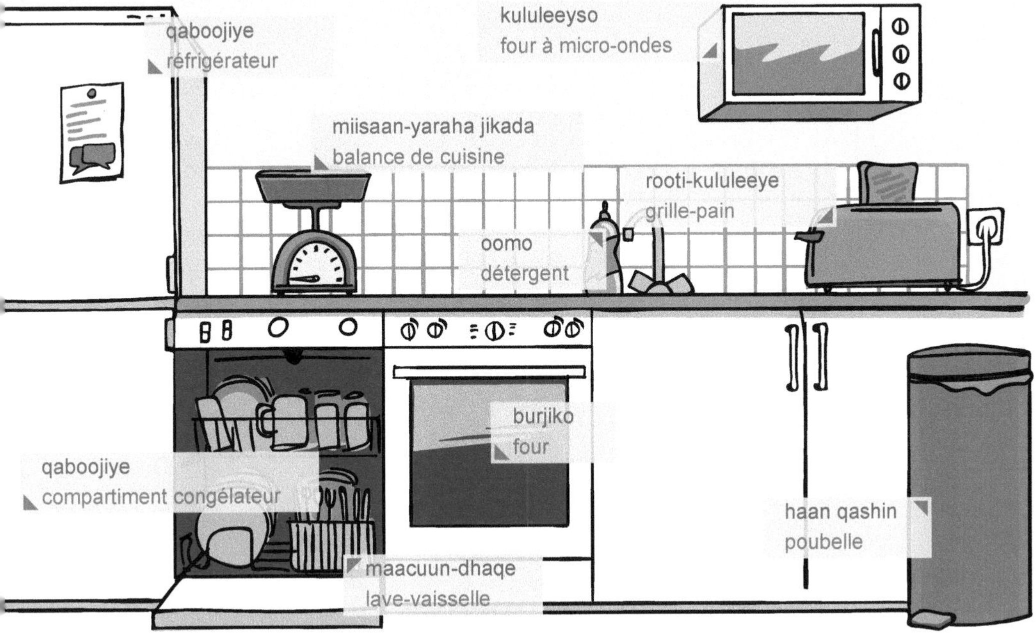

qaboojiye
réfrigérateur
kululeeyso
four à micro-ondes
miisaan-yaraha jikada
balance de cuisine
rooti-kululeeye
grille-pain
oomo
détergent
burjiko
four
qaboojiye
compartiment congélateur
haan qashin
poubelle
maacuun-dhaqe
lave-vaisselle

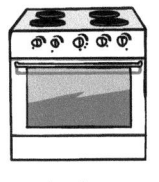

kuuker

four

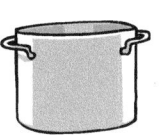

dheri

casserole

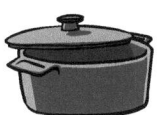

birtaawo

marmite

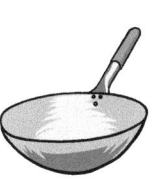

birtaawo

wok / kadai

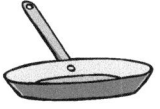

birtaawo

poêle

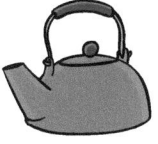

kirli

bouilloire electrique

uumiye

cuiseur vapeur

saxaarad dubista

plaque de cuisson

maacuun

vaisselle

bakeeri

gobelet

baaquli

coupe

qoryo wax lagu cuno

baguettes

malqacad

louche

qaado

spatule

folow

fouet

miire

passoire

shashaq

tamis

qudaar-jare

râpe

mooye

mortier

hilib-sol

barbecue

dab

cheminée

alwaaxa wax-jar-jarka

planche à découper

ul jabaati

rouleau à pâtisserie

guf-saare

tire-bouchon

gasac

boîte

gasac-fure

ouvre-boîte

istaraasho-jiko

maniques

saxanka-alaab-dhaqa

lavabo

caday

brosse

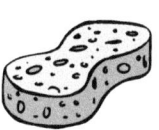

isbuunyo

éponge

shiide

mixeur

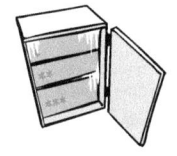

qaabojin qoto-dheer

congélateur

masaasad

biberon

tuubbo

robinet

musqul-qubeys
salle de bain

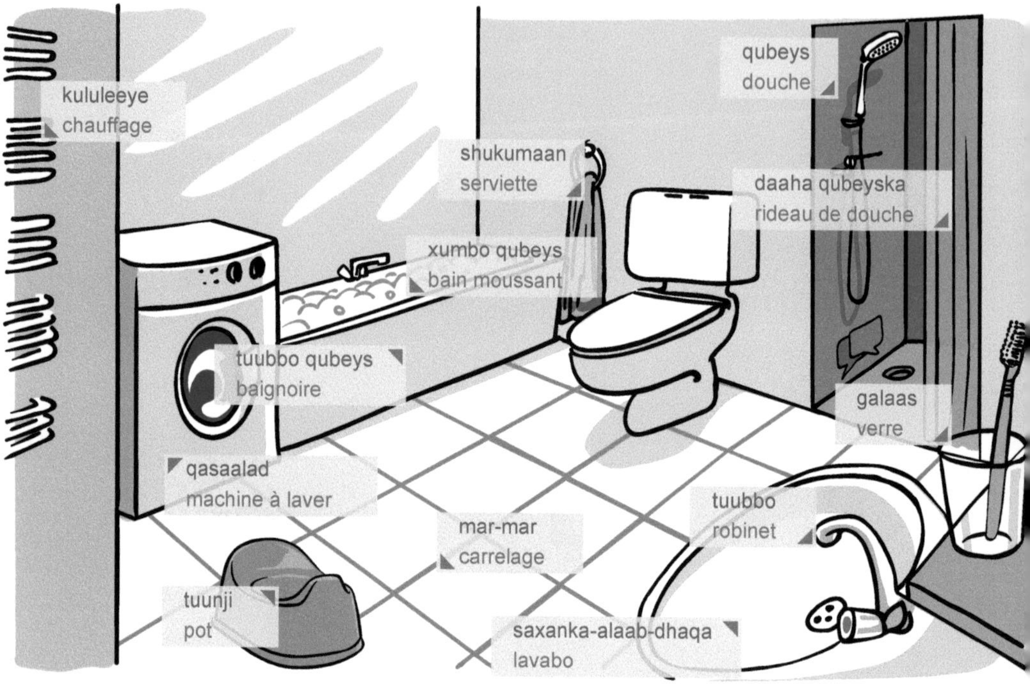
kululeeye
chauffage
qubeys
douche
shukumaan
serviette
daaha qubeyska
rideau de douche
xumbo qubeys
bain moussant
tuubbo qubeys
baignoire
galaas
verre
qasaalad
machine à laver
tuubbo
robinet
mar-mar
carrelage
tuunji
pot
saxanka-alaab-dhaqa
lavabo

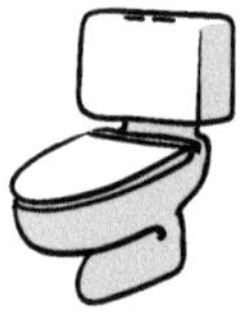

musqul

toilettes

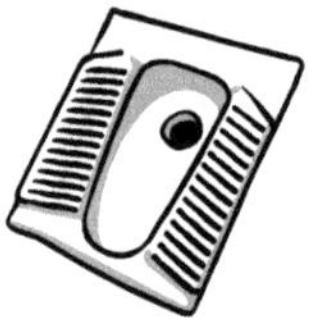

musqusha fadhiga

toilette à la turque

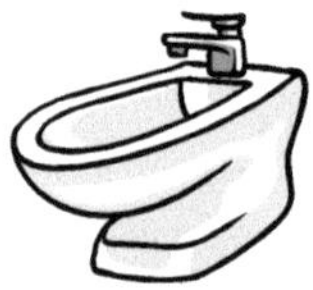

siin

bidet

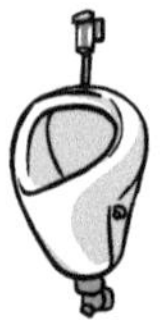

weel kaadi

urinoir

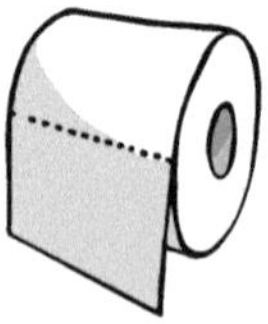

tiish musqul

papier toilette

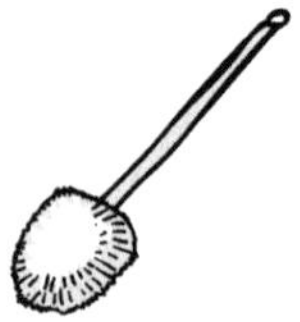

burushka musqusha

brosse à toilette

caday

brosse à dents

daawo caday

dentifrice

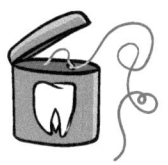

dunta ilka farashada

fil dentaire

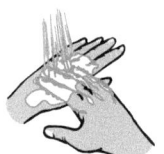

dhaq

laver

gacan qubeys

douche manuelle

tuubo-musqul

douche intime

beeshin

vasque

burush-qubeys

brosse dorsale

saabuun

savon

shaambo

gel douche

shaambo

shampooing

cago-saar

gant de toilette

biyo-saare

écoulement

kareem

crème

carfiso

déodorant

muraayad

miroir

muraayad gacmeed

miroir cosmétique

sakiin

rasoir

xumbada xiirashada

mousse à raser

daawo gar-xiir

après-rasage

shanlo

peigne

burush

brosse

fooneeye

sèche-cheveux

timo-buufis

laque pour cheveux

waji-qurxiye

fond de teint

rooseeto

rouge à lèvres

cidiyo-nadiifiye

vernis à ongles

dun

ouate

cidiyo-jar

coupe-ongles

baarafuun

parfum

boorso-wajidhaq
....
trousse de toilette

saxaro
....
tabouret

miisaan culays
....
pèse-personne

dhar-qubeys
....
peignoir

gacma gashi cinjir
....
gants de nettoyage

tambooni
....
tampon

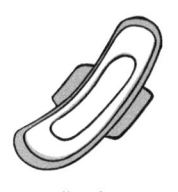

tiimshe
....
serviettes hygiéniques

musqul kiimiko
....
toilette chimique

qolka ilmaha
chambre d'enfant

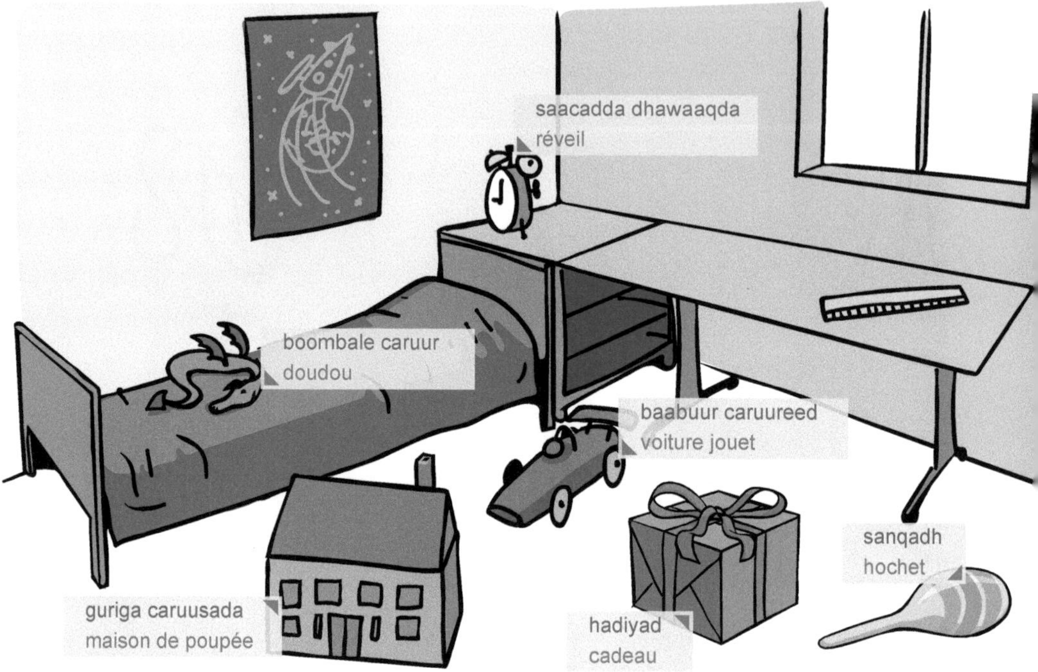

saacadda dhawaaqda
réveil
boombale caruur
doudou
baabuur caruureed
voiture jouet
sanqadh
hochet
guriga caruusada
maison de poupée
hadiyad
cadeau

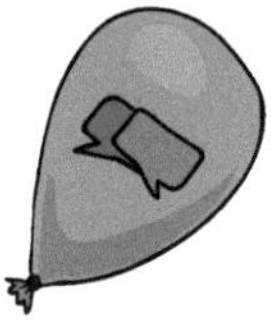

buufin
ballon

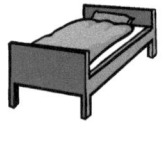

sariir
lit

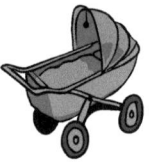

gaariga caruurta
poussette

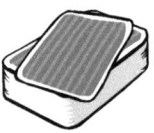

turub
jeu de cartes

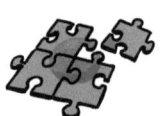

miinshaar
puzzle

maad
bande dessinée

bulkeeti boombale ah

pièces lego

tooy

blocs de construction

sanam

figurine

isku-jooga dhallaanka

grenouillère

aalad cayaar

frisbee

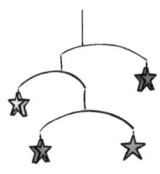

moobaayl

mobile

khamaar

jeu de société

laadhuu

dé

moodo tareen

train miniature

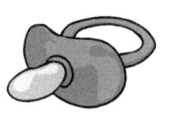

boombale

sucette

xaflad

fête

buug sawirro

livre d'images

kubbad

balle

boombale

poupée

cayaar

jouer

dhoobo-dhoobeey

bac à sable

wiifoow

balançoire

alaab-alaabeey

jouets

geemka gacanta laga hago

console de jeu

baaskiil

tricycle

boombale

ours en peluche

armaajo dhar

armoire

dhar

vêtements

sigisaan

chaussettes

sigsaan haween

bas

surwaal-dhuuqsan

collant

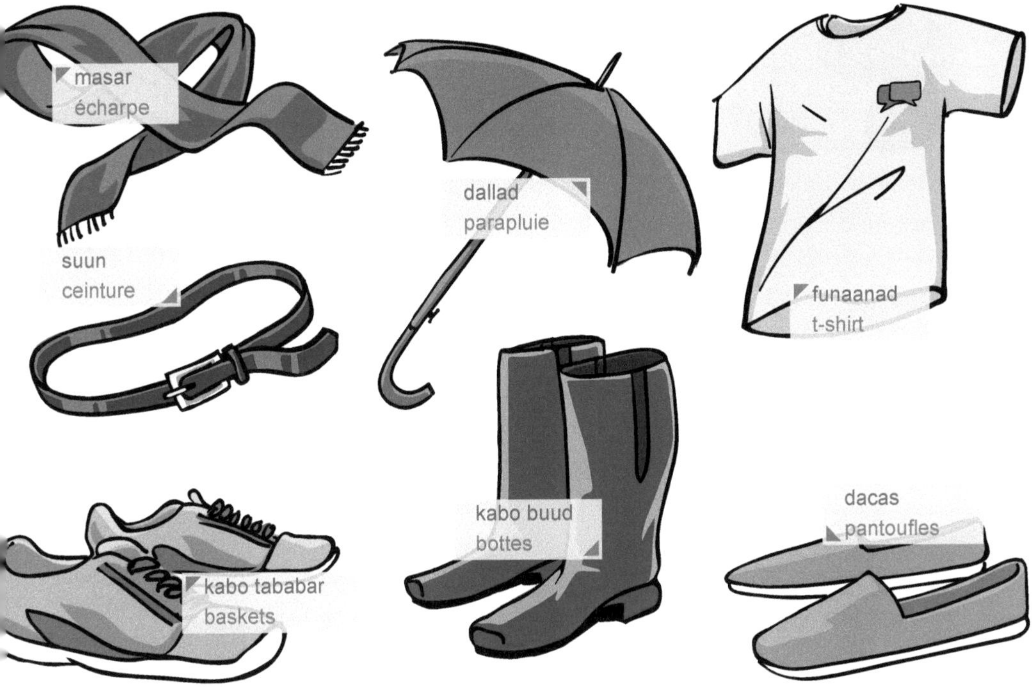

masar
écharpe

suun
ceinture

dallad
parapluie

funaanad
t-shirt

kabo buud
bottes

dacas
pantoufles

kabo tababar
baskets

saandalo
sandales

kabo
chaussures

kabo roob
bottes de caoutchouc

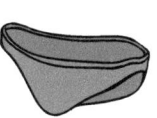

hoos-gashi
sous-vêtements

rajabeeto
soutien-gorge

garan
maillot de corps

jir

body

surwaal

pantalon

surwaal jeenis

jean

goono

jupe

canbuur

chemisier

shaati

chemise

funaanad-dhaxameed

pull

garan dhaxameed

sweat à capuche

jaakad fudud

veste

jaakad

veste

koodh

manteau

koodhka roobka

imperméable

dhar-munaasabadeed

costume

labbis

robe

lebbis aroos

robe de mariée

suut

costume

dhar-hurdo

chemise de nuit

bajaamo

pyjama

saari

sari

masar

foulard

cimaamad

turban

cabaayad

burqa

saako

caftan

cabaayad

abaya

dharka-dabaasha

maillot de bain

dabo-gaabyo

maillot de bain

surwaal-dabagaab

short

taraak-suut

tenue d'entraînement

dufan-dhowr

tablier

gacmo gashi

gants

galluus

bouton

ookiyaale

lunettes

jijin

bracelet

silis

collier

faraati

bague

dhego dhego

boucle d'oreille

koofiyo

bonnet

katabaan

cintre

koofiyad

chapeau

garabaati

cravate

jiinyeer

fermeture éclair

helmed

casque

ilko-reeb

bretelles

direes dugsi

uniforme scolaire

direes

uniforme

cayo-dhowr

bavoir

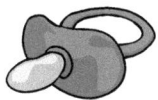

boombale

sucette

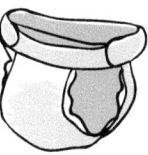

maro-dufeed

lange

xafiis

bureau

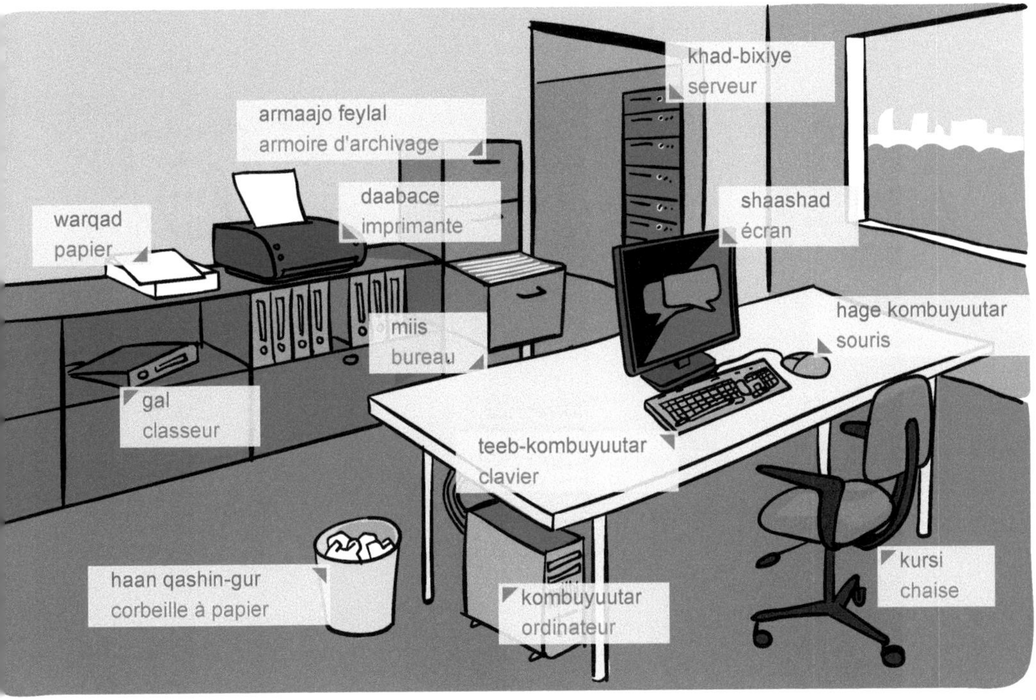

khad-bixiye
serveur

armaajo feylal
armoire d'archivage

daabace
imprimante

warqad
papier

shaashad
écran

miis
bureau

hage kombuyuutar
souris

gal
classeur

teeb-kombuyuutar
clavier

haan qashin-gur
corbeille à papier

kursi
chaise

kombuyuutar
ordinateur

koob kafee

tasse de café

kalkuleytar/xisaabiye

calculatrice

internet

internet

laabtoob

ordinateur portable

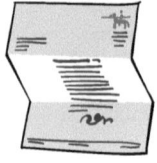

bakhshad

lettre

fariin

message

moobaayl

portable

shabakad-kombuyuutar

réseau

footokoobi

photocopieuse

barnaamij-kombuyuutar

logiciel

telefoon

téléphone

god koronto

prise

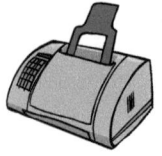

mishiinkan fax-ka

fax

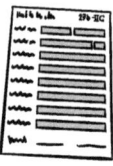

foomka

formulaire

dokumenti

document

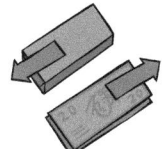

iibso

acheter

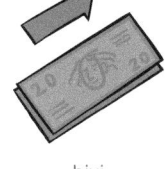

bixi

payer

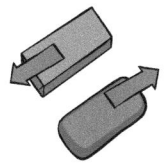

ganacso

faire du commerce

lacag

monnaie

doollar

dollar

yuuro

euro

yenka jabbaan

yen

robolka ruushka

rouble

Franka iswiiska

franc suisse

lacagta shiinaha

renminbi yuan

rubiyada hindiga

roupie

maqal

distributeur automatique

xafiiska sarrifaka lacagaha

bureau de change

dahab

or

qalin

argent

shidaal

pétrole

tamar

énergie

qiime

prix

qandaraas

contrat

canshuur

taxe

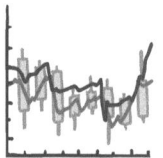

raasumaal

action

shaqee

travailler

shaqaale

employé

shaqaaleysiiye

employeur

warshad

usine

dukaan

magasin

shaqooyin
professions

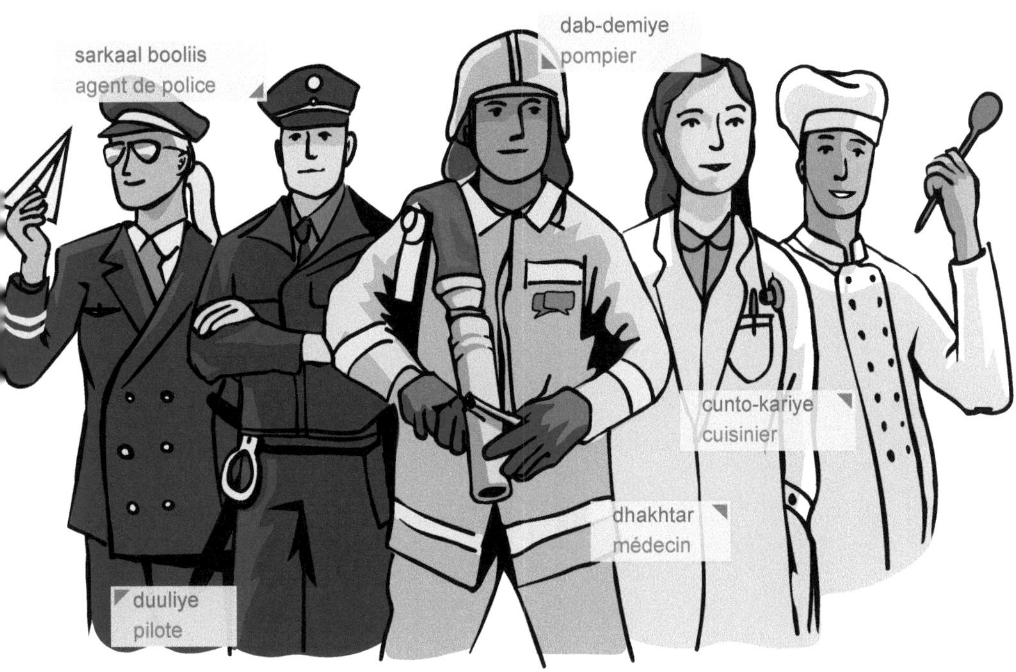
dab-demiye
pompier
sarkaal booliis
agent de police
cunto-kariye
cuisinier
dhakhtar
médecin
duuliye
pilote

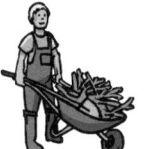

beeralley

jardinier

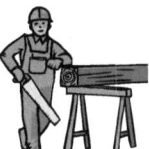

nijaar

menuisier

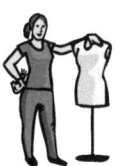

timo-qurxiso

couturière

qaaddi

juge

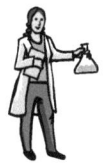

farmashiiste

chimiste

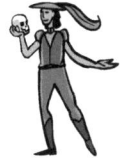

jile

acteur

darawal bas

conducteur de bus

taksiile

chauffeur de taxi

kalluumeyste

pêcheur

nadiifiso

femme de ménage

saqaf-dhise

couvreur

kabalyeeri

serveur

ugaarsade

chasseur

rinjiile

peintre

rooti-dube

boulanger

koronto-yaqaan

électricien

dhise

ouvrier

injineer

ingénieur

kawaanle

boucher

tuubbiiste

plombier

boostaale

facteur

askari

soldat

injineer-dhismo

architecte

qasnaji

caissier

ubax-yaqaan

fleuriste

timo-jare

coiffeur

kiro-uruuriye

contrôleur

makaanik

mécanicien

kabtan

capitaine

dhakhtar-ilko

dentiste

saaynisyahan

scientifique

wadaad yahuud

rabbin

imaam

imam

xerow

moine

wadaad

prêtre

qalab

outils

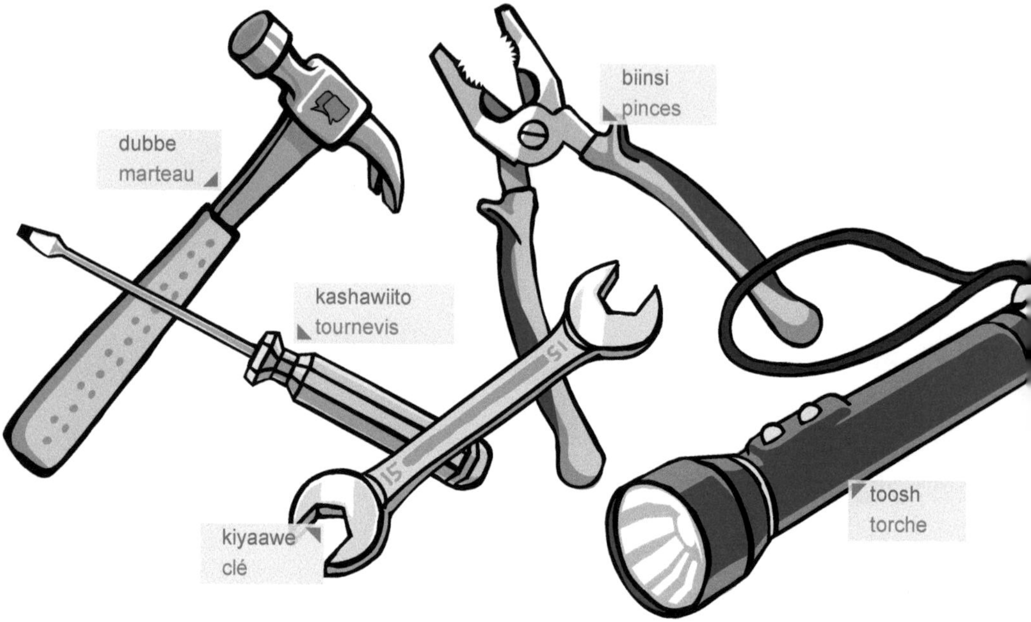
dubbe
marteau
biinsi
pinces
kashawiito
tournevis
kiyaawe
clé
toosh
torche

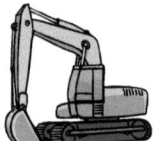

dhul-qoddo

pelleteuse

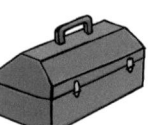

qalab-xajiye

boîte à outils

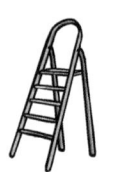

jaraanjaro

échelle

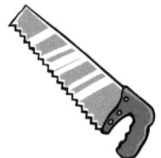

miinshaar

scie

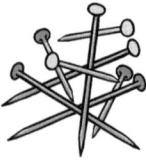

musbaarro

clous

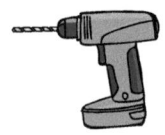

dalooliye

perceuse

dayactir
....
réparer

badiil
....
pelle

inkaar kugu dhacday!
....
Mince !

bus-xaabiye
....
pelle

gasacad rinji
....
pot de peinture

boolal
....
vis

qalab muusiko
instruments de musique

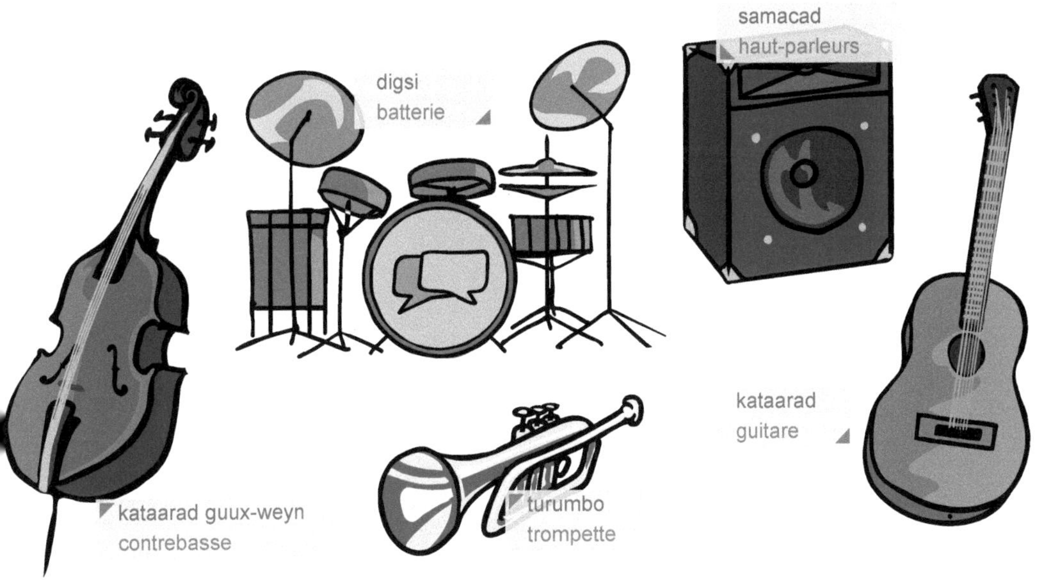

samacad
haut-parleurs

digsi
batterie

kataarad
guitare

kataarad guux-weyn
contrebasse

turumbo
trompette

biyaano

piano

fiyooliin

violon

karaarad guux-dheer

basse

durbaan-sheegagle

timbales

durbaan

tambour

loox-xarfeed-biyaano

piano électrique

turumbo

saxophone

siin-baar

flûte

makarafoon

microphone

beer-xayawaan

zoo

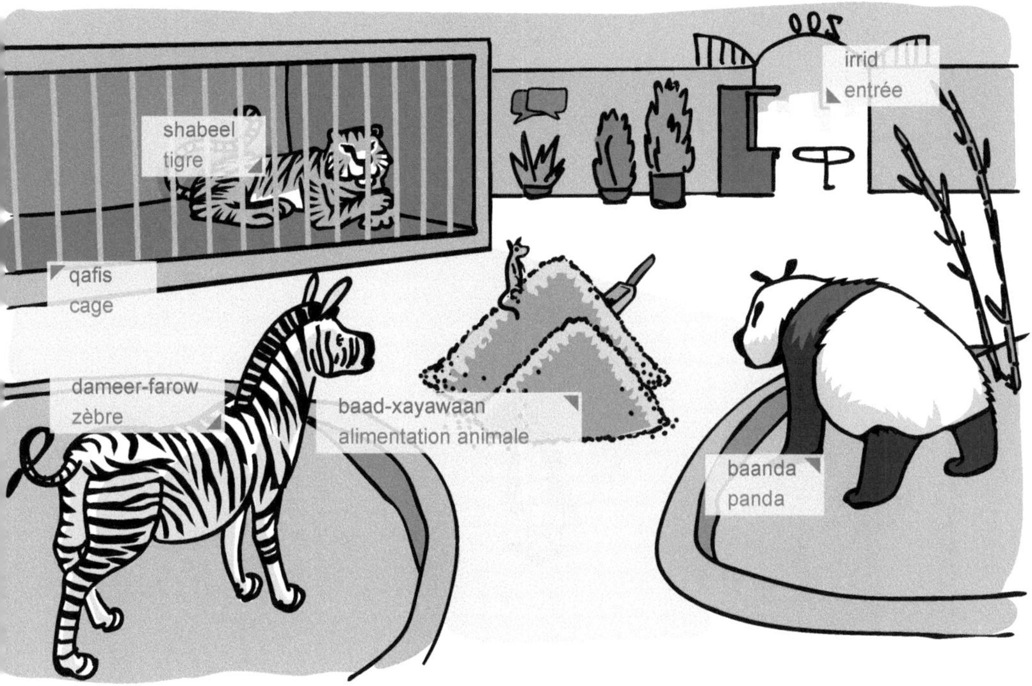

zoo
irrid
entrée
shabeel
tigre
qafis
cage
dameer-farow
zèbre
baad-xayawaan
alimentation animale
baanda
panda

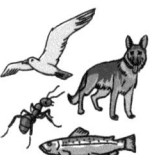

xayawaan

animaux

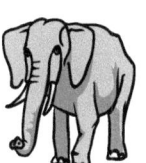

maroodi

éléphant

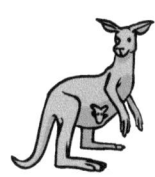

kaangaruu

kangourou

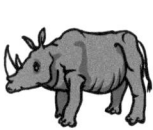

wiyil

rhinocéros

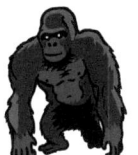

goriille

gorille

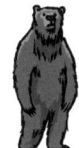

oorso

ours

geel

chameau

gorayo

autruche

libaax

lion

daanyeer

singe

xiita-luga-dheer

flamand rose

baqbaqaa

perroquet

oorso baraf-ku-nool

ours polaire

shimbir baraf

pingouin

libaax-badeed

requin

daa'uus

paon

mas

serpent

yaxaas

crocodile

beer-xayawaan ilaaliye

gardien de zoo

bahal kalluun-cun

phoque

shabeel-u-eke

jaguar

dhal faras

poney

harmacad

léopard

jeer

hippopotame

geri

girafe

gorgor

aigle

doofaar-jilibeey

sanglier

kalluun

poisson

qubo

tortue

maroodi-badeed

morse

dawaco

renard

deero

gazelle

kubadda-cagta maraykanka
american Football

tartanka bashkuleetiga
cyclisme

kubbadda miiska
tennis

kubbadda koleyga
basket-ball

dabaal
natation

cayaarta feerka
boxe

hookiga barafka lagu dhe
hockey sur glace

kubadda cagta

football

baadminton

badminton

ciyaaraha fudud

athlétisme

kubadda gacanta

handball

iskii/ciyaarta barafka

ski

cayaar-faras

polo

boodid
sauter

hab-siin
embrasser

qosol
rire

soco
marcher

hees
chanter

riyo
rêver

duceyso
prier

dhunkasho
faire la bise

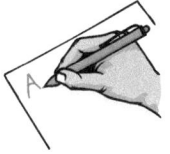

qorraxeed

écrire

masawirid

dessiner

muuji

montrer

riix

pousser

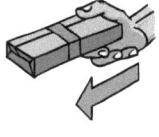

sii

donner

qaado

prendre

haysasho

avoir

samee

faire

ahaansho

être

istaag

être debout

orod

courir

jiid

trier

tuur

jeter

dhicid

tomber

been-sheegid

être couché

sug

attendre

qaad

porter

fariiso

être assis

labiso

s'habiller

seexo

dormir

toos

se réveiller

fiiri

regarder

ooy

pleurer

dhuftay

caresser

shanleyso

peigner

hadal

parler

faham

comprendre

weydii

demander

dhageysasho

écouter

cab

boire

cun

manger

habee

ranger

jacayl

aimer

kari

cuire

kaxee

conduire

duulid

voler

shiraaco

faire de la voile

xisaabi

calculer

akhri

lire

barasho

apprendre

shaqee

travailler

guurso

se marier

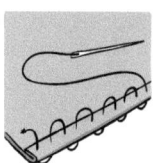

tol

coudre

cadayso

brosser les dents

dilid

tuer

sigaar cab

fumer

dir

envoyer

ayeeyo
grand-mère

awoowe
grand-père

aabbe
père

hooyo
mère

ilmo
bébé

gabar
fille

wiil
fils

marti

hôte

eeddo

tante

adeer

oncle

walaal rag

frère

walaal dumar

sœur

qoys - famille

67

jir

corps

fool
front
il
œil
garab
épaule
far
doigt
weji
visage
gar
menton
gacan
main
lug
jambe
naas
poitrine
cudud
bras

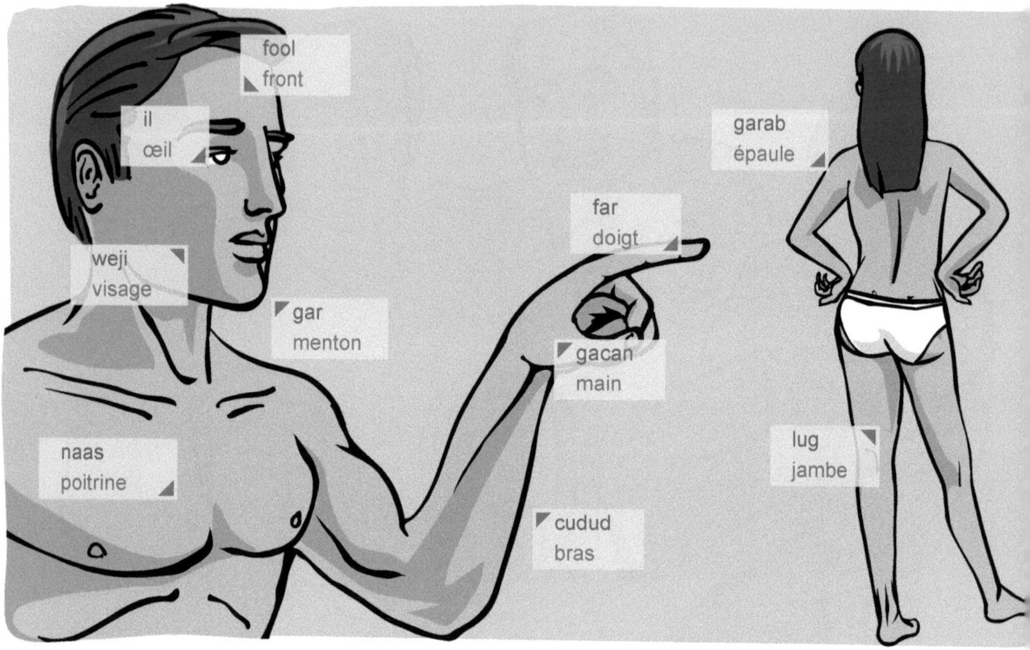

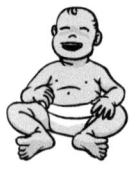

ilmo

bébé

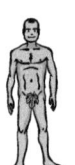

nin

homme

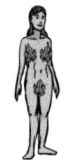

naag

femme

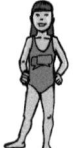

gabar

fille

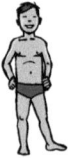

wiil

garçon

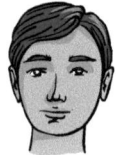

madax

tête

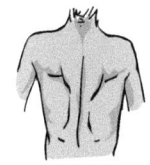

dhabar
....
dos

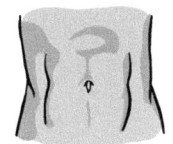

calool
....
ventre

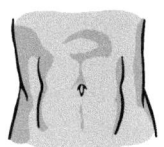

xuddun
....
nombril

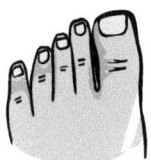

suul
....
orteil

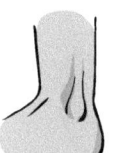

cirib
....
talon

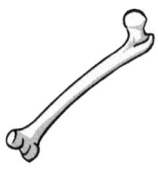

laf
....
os

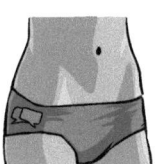

sin
....
hanche

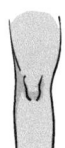

jilib
....
genou

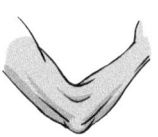

xusul
....
coude

san
....
nez

bari
....
fesses

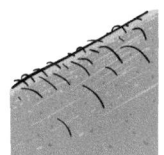

maqaar
....
peau

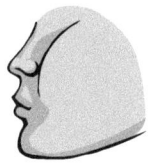

dhafoor
....
joue

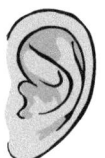

dheg
....
oreille

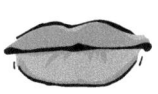

bishin
....
lèvre

af
bouche

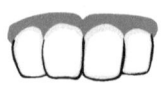

ilig
dent

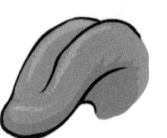

carrab
langue

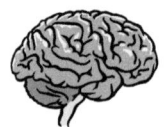

maskax
cerveau

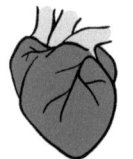

wadno
cœur

muruq
muscle

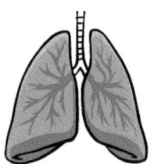

sambab
poumons

beer
foie

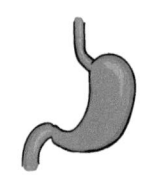

uur kujirta caloosha
estomac

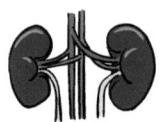

kelyo
reins

galmo
rapport sexuel

cinjir-galmo
préservatif

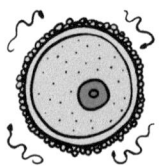

ugxan
ovule

shahwo
sperme

uur
grossesse

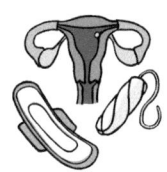

caado
....
menstruation

siil
....
vagin

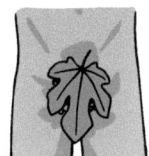

gus
....
pénis

suni
....
sourcil

timo
....
cheveux

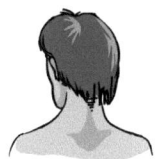

qoor
....
cou

isbitaal
hôpital

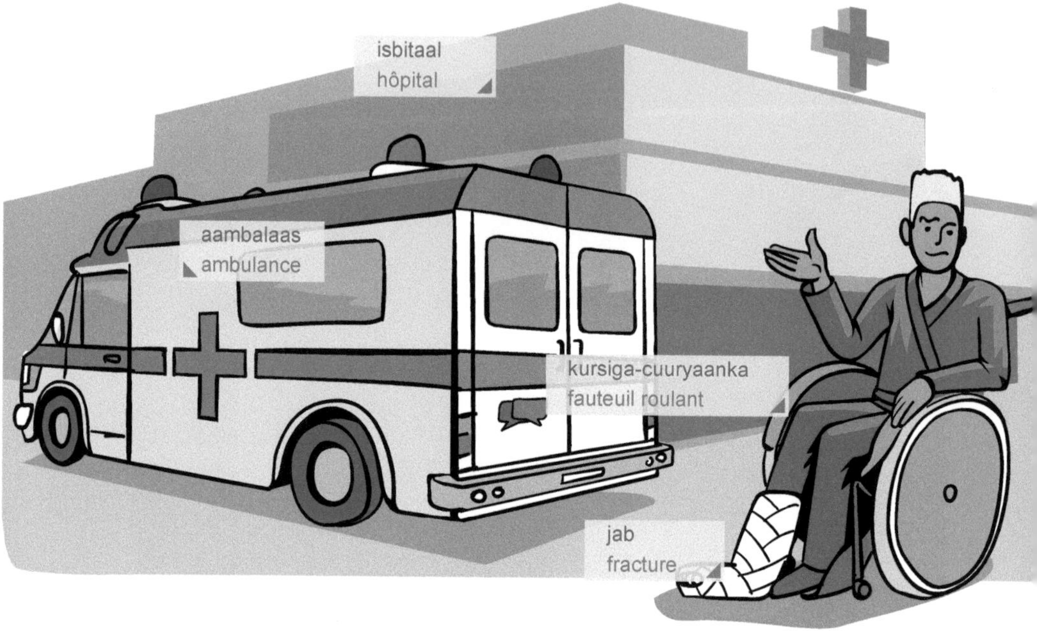

isbitaal
hôpital
aambalaas
ambulance
kursiga-cuuryaanka
fauteuil roulant
jab
fracture

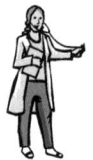

dhakhtar

médecin

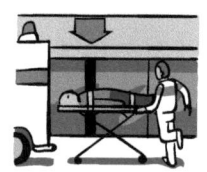

qolka xaaladaha-degdega ah

service des urgences

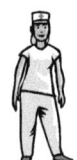

kalkaaliye

infirmière

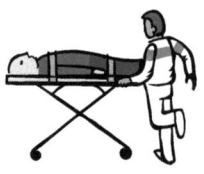

xaalad deg-deg ah

urgence

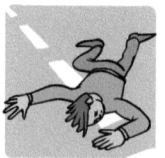

miyir-beelsan

inconscient

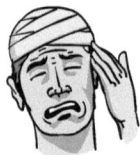

xanuun

douleur

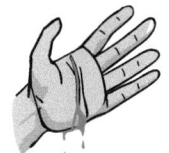

dhaawac

blessure

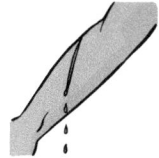

dhiig-bax

hémorragie

wadno-xanuun

crise cardiaque

qallal

attaque cérébrale

xasaasiyad

allergie

qufac

toux

qandho

fièvre

hargab

grippe

shuban

diarrhée

madax-xanuun

mal de tête

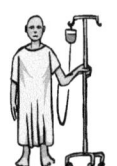

kansar

cancer

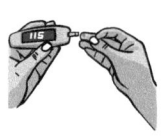

cudurka sokoroow

diabète

dhakhtarka-qalliinka

chirurgien

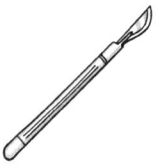

mindida qalliinka

scalpel

qalliin

opération

iskaan

CT

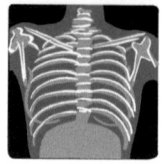

raajo

radiographie

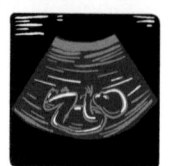

dhawaaq-xawaareed

échographie

maaskaro

masque

cudur sokoroow

maladie

qolka sugitaanka

salle d'attente

ul lagu boodo

béquille

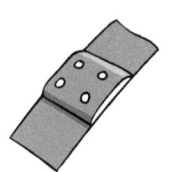

kab

pansement

faashato

pansement

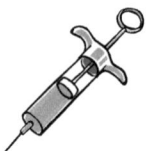

duris

injection

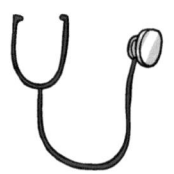

wadne-dhegeyeste

stéthoscope

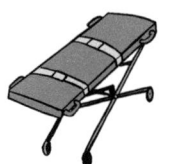

balankiino

brancard

heer-kul-beega qandhada

thermomètre

dhalasho

accouchement

aad-u-cayilan

surcharge pondérale

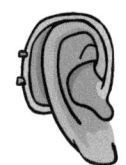

maqal-caawiye

appareil auditif

jeermis-dile

désinfectant

caabuq

infection

feyras

virus

AYDHIS/HIV

VIH / sida

daawo

médicament

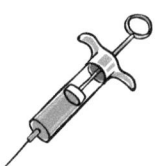

tallaal

vaccination

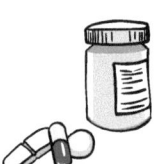

kaniiniyo

comprimés

kaniin

pilule

wicitaan deg-deg ah

appel d'urgence

cabbiraha dhiig-karka

tensiomètre

xanuunsan / caafimaadsan

malade / sain

i caawiya!

Au secours !

weerar-kadisa ah

assaut

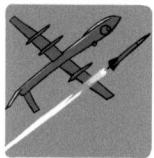

weerar

attaque

sawaxan

alarme

khatar

danger

irridda bixida xaalad-deg-deg

sortie de secours

dab!

Au feu!

dab demiye

extincteur

shil

accident

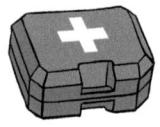

saduuqa xaalada-degdega ah

trousse de premier secours

codsi badbaado

SOS

booliis

police

Yurub

Europe

woqooyiga ameerika

Amérique du Nord

koonfurta ameerika

Amérique du Sud

Afrika

Afrique

Aasiya

Asie

Oostareeliya

Australie

Atlaantik

Océan atlantique

Pacific

Océan pacifique

Bad-waynta hindiya

Océan indien

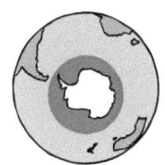

Bad-waynta antarctica

Océan antarctique

Bad-waynta arctic

Océan arctique

cirifka waqooyi

pôle nord

cirifka koonfureed

pôle sud

Antarctica

Antarctique

dhul

terre

dhul

pays

bad

mer

jasiirad

île

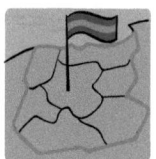

waddan

nation

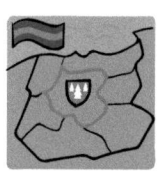

gobol

état

wajiga saacadda

cadran

gacanka saacada

aiguille des heures

gacanka daqiiqada

aiguille des minutes

gacanka ilbiriqsiga

aiguille des secondes

waa intee saac?

Quelle heure est-il ?

maalin

jour

wakhti

temps

hadda

maintenant

saacadda jiifarrada

montre digitale

daqiiqad

minute

saacad

heure

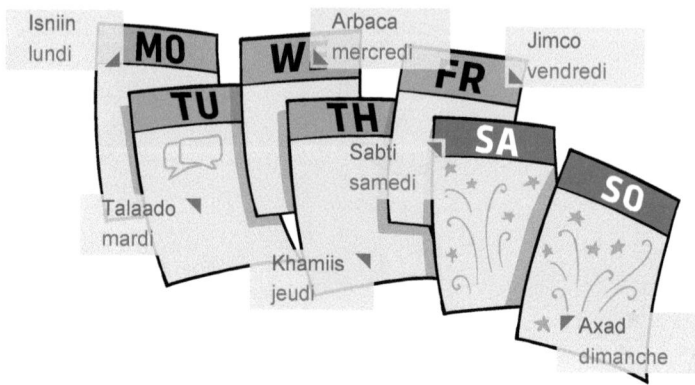

Isniin / lundi
Arbaca / mercredi
Jimco / vendredi
Talaado / mardi
Sabti / samedi
Khamiis / jeudi
Axad / dimanche

shalay
hier

maanta
aujourd'hui

berri
demain

subax
matin

duhur
midi

casir
soir

maalmaha shaqo
jours ouvrables

dabayaaqada usbuuca
week-end

sanad
année

qaanso-roobaad
arc-en-ciel
roob
pluie
roob-baraf
neige
dabayl
vent
gu'
printemps
deyr
automne
xagaa
été
jiilaal
hiver

4.APRIL 11°
5.APRIL 4°
6.APRIL 13°
7.APRIL 8°
8.APRIL 10°

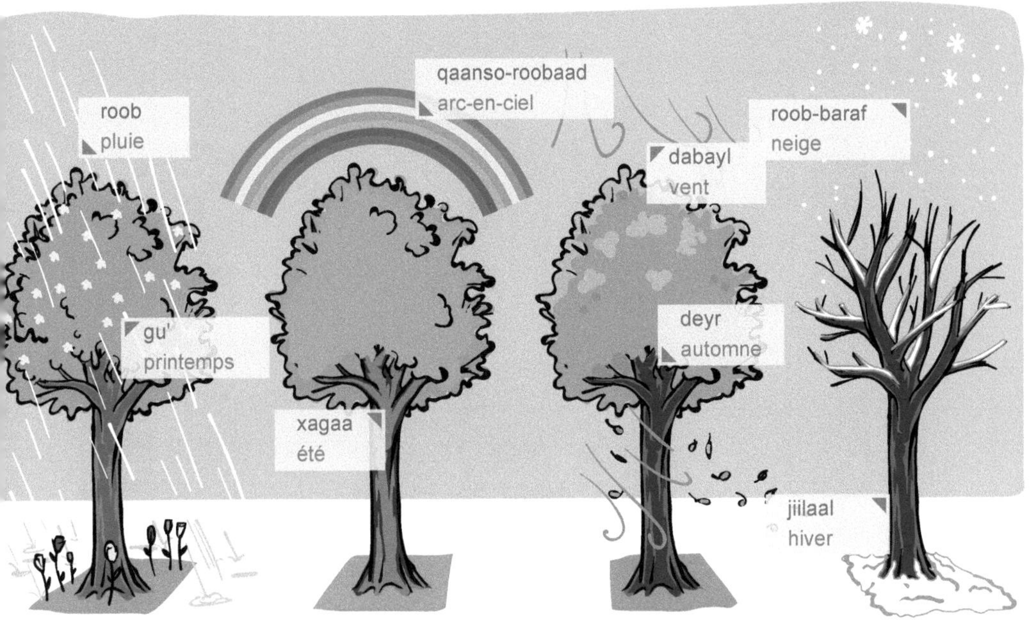

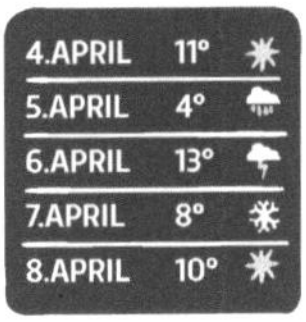

saadaal hawo

météo

F C
120 40
90 30
60 20
30 10
0 0
-30 -10
-20

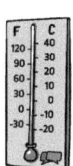

heer-kul baare

thermomètre

qorraxeed

lumière du soleil

daruur

nuage

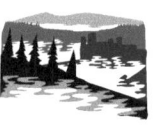

ceeryaamo

brouillard

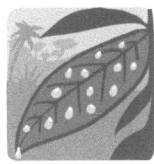

huur

humidité

jac

foudre

onkod

tonnerre

duufaan

tempête

roob-baraf

grêle

maansuun

mousson

daad

inondation

baraf

glace

Jannaayo

janvier

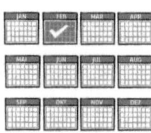

Febraayo

février

Maarso

mars

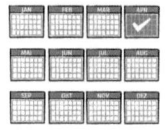

Abriil

avril

Mey

mai

Juun

juin

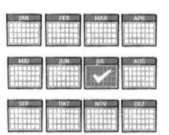

Luulyo

juillet

Agoosto

août

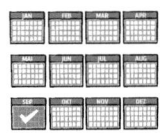

Sebteember
....
septembre

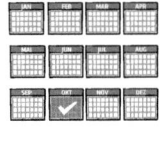

Oktoobar
....
octobre

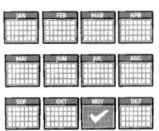

Nofeember
....
novembre

Diseember
....
décembre

qaababka
formes

goobaabo
....
cercle

afar-gees
....
carré

leydi
....
rectangle

saddex-xagal
....
triangle

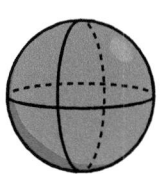

wareeg
....
sphère

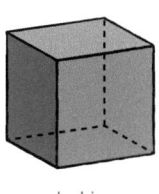

bokis
....
cube

caddaan

blanc

hurdi

jaune

oranji

orange

guduud-khafiif

rose

casaan

rouge

carwaajis

violet

bluug

bleu

cagaar

vert

boroon

marron

cawl

gris

madow

noir

badan / yar

beaucoup / peu

caro / daganaan

fâché / calme

qurxoon / foolxun

joli / laid

billow / dhammaad

début / fin

yar / weyn

grand / petit

iftiin / mugdi

clair / obscure

walaalkaa / walaashaa

frère / soeur

nadiif / wasakhaysan

propre / sale

buuxa / dhantaalan

complet / incomplet

maalin / habeen

jour / nuit

dhintay / nool

mort / vivant

ballaaran / ciriiri ah

large / étroit

la cuni karo / aan la cuni karin

comestible / incomestible

arxan-daran / naxariis-badan

méchant / gentil

faraxsan / caajisan

excité / ennuyé

buuran / caateysan

gros / mince

ugu horeeya / ugu dambeeya

premier / dernier

saaxiib / cadaw

ami / ennemi

maran / buuxa.

plein / vide

adag / jilicsan

dur / souple

culus / fudud

lourd / léger

gaajo / oon

faim / soif

xanuunsan / caafimaadsan

malade / sain

sharci-darro / sharci

illégal / légal

caaqil / dabbaal

intelligent / stupide

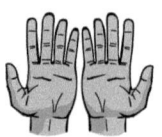

bidix / midig

gauche / droite

dhow / fog

proche / loin

cusub / duug

nouveau / usé

waxba / wax

rien / quelque chose

da' / dhalinyar

vieux / jeune

daaris / damin

marche / arrêt

furan / xiran

ouvert / fermé

aamusnaan / cod-dheer

faible / fort

taajir / sabool

riche / pauvre

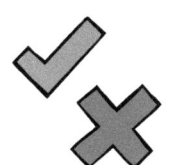

sax / khalad

correct / incorrect

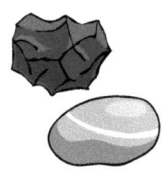

jilif leh / sabiibax

rugueux / lisse

murugsan / faraxsan

triste / heureux

gaaban / dheer

court / long

tartiib / dhaqsi

lent / rapide

qoyaan / qalleyl

mouillé / sec

qandac / qabow

chaud / froid

dagaal / nabad

guerre / paix

0

eber
....
zéro

1

kow
....
un / une

2

laba
....
deux

3

saddex
....
trois

4

afar
....
quatre

5

shan
....
cinq

6

lix
....
six

7

toddoba
....
sept

8

sideed
....
huit

9

sagaal
....
neuf

10

toban
....
dix

11

kow iyo toban
....
onze

12

laba iyo toban

douze

13

sadex iyo toban

treize

14

afar iyo toban

quatorze

15

shan iyo toban

quinze

16

lix iyo toban

seize

17

todoba iyo toban

dix-sept

18

sideed iyo toban

dix-huit

19

sagaal iyo toban

dix-neuf

20

labaatan

vingt

100

boqol

cent

1.000

kun

mille

1.000.000

malyuun

million

Af ingiriis

anglais

Ingiriiska Mareykanka

anglais américain

Mandariinka Shiinaha

chinois mandarin

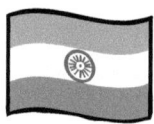

Hindi

hindi

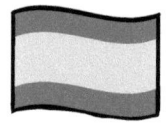

Boortaqiis

espagnol

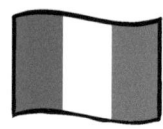

Faransiis

français

Carabi

arabe

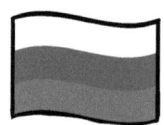

Ruush

russe

Boortaqiis

portugais

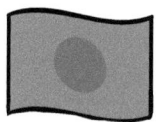

Bengaali

bengali

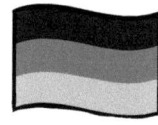

Jarmal

allemand

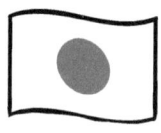

Jabaaniis

japonais

aniga

je

adiga

tu

asaga / ayada

il / elle / ce, c', cela

annaga

nous

idinka

vous

ayaga

ils / elles

kee?

Qui ?

maxay?

Quoi ?

sidee?

Comment ?

xagee?

Où ?

goorma?

Quand ?

magac

nom

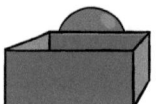

gadaal

derrière

gudaha

dans

horta

devant

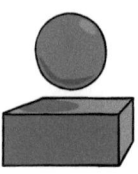

ka sare

au-dessus

dusha

sur

ka hooseeya

en-dessous

dhinac

à côté de

u dhexeeya

entre

meel

lieu